MODERN COOKING

ANNETTE HEISCH

Backen im
KÜHLSCHRANK
FRUCHTIG, LUFTIG, FRISCH

- Köstliche Kuchen und Torten
- Einfache, schnelle Rezeptideen

AUGUSTUS

INHALTSVERZEICHNIS

ABKÜRZUNGEN

EL = Esslöffel
TL = Teelöffel
Msp. = Messerspitze
Pck. = Päckchen
kg = Kilogramm
g = Gramm
ml = Milliliter
cm = Zentimeter
Ø = Durchmesser

Die neue Tortengeneration ist ganz anders: Sie lässt den Ofen kalt, von Anfang an. Der Trend heißt Backen ganz ohne Backofen. Denn jetzt gibt es Kuchen und Torten, die aus der Kälte kommen – die beste Idee seit der Erfindung des Kühlschranks. Die ersten coolen Torten wurden in Amerika kreiert, allen voran der berühmte Cheesecake, der auch bei uns als »Philadelphia-Torte« Furore machte. Allerdings: Es muss nicht immer Frischkäse sein. Die Rezepte in diesem Buch zeigen, wie die Kühlschranktorten von heute nur so vor neuen Ideen und Zutaten sprühen. Überraschen Sie Ihre Gäste doch einmal mit einer erfrischenden Caipirinha-Torte oder einer cremigen Schokoladentorte à l'Orange.

Die Vorteile der kalten Torten liegen auf der Hand: Sie sind originell, schnell, unkompliziert und kommen immer gut an – ein heißer Tipp für alle, die nichts anbrennen lassen wollen.

Für das Zubereiten und das Aufbewahren dieser Torten und Törtchen gilt immer das Eine: Cool bleiben. Erst vor dem Servieren verlassen die süßen Backwerke die Kältezone. Lassen Sie sie auf keinen Fall zu lange im Warmen stehen, denn ob zum Kaffee oder als Dessert – am besten schmecken die coolen Köstlichkeiten frisch aus dem Kühlschrank.

DIE COOLEN TORTEN

DER BODEN: SCHNELLE BASICS

Auch Kühlschranktorten haben als Grundlage einen Boden. Typisch sind die so genannten Crunch-Böden aus zerkleinerten Keksen, Plätzchen, Cornflakes oder Zwieback. Sie werden mit weicher Butter gemischt und auf den Boden einer Form gedrückt. Anschließend heißt es ab in den Kühlschrank und fest werden. Fertig! Eine weitere Möglichkeit sind fertig gekaufte Böden als Basis. Biskuits aus drei Lagen sind als Wiener Böden im Supermarkt oder beim Bäcker erhältlich. Für unsere Rezepte wird häufig nur eine Lage gebraucht. Die restlichen Böden können Sie für die nächste coole Torte einfach tiefkühlen. Für Törtchen eignen sich fertige Torteletts aus Mürbeteig oder Biskuit bzw. Rührteig. Sie sind abgepackt mehrere Monate haltbar und eignen sich bestens für die Vorratshaltung. Ungewöhnlich, aber lecker als Basis: Florentiner, fertige Waffeln oder Puffreis.

DER BELAG:
EINE VARIATION MIT CREME

Das Herzstück jeder Torte ist die Creme. Zu den Hauptzutaten zählen Quark, Joghurt, Sahne, Mascarpone und Frischkäse. Die Creme muss ihre richtige Konsistenz und Festigkeit bekommen. Geliermittel wie Blattgelatine, gemahlene Gelatine oder Agar Agar sind eine Möglichkeit, damit die Creme ihre Form bewahrt. Aber auch Sahnefestiger und Tortengusspulver verleihen der Creme Stabilität und sind gerade für die Back-Newcomer besonders unkompliziert. Der wichtigste Faktor für das Gelingen der Creme heißt aber auch hier: kühlen, kühlen, kühlen. Die Kühlschranktemperatur ist es, die die Creme fest macht und fest hält. Manche Torten benötigen schon mal vier Stunden oder auch länger, bis sie fest und durchgekühlt sind. Das stört aber nicht weiter, denn der Kühlschrank läuft ja sowieso.

DAS FEINE OUTFIT:
FRÜCHTE & NÜSSE

Ob große Torte oder kleines Törtchen, Früchte verleihen Saftigkeit und Frische und sorgen für eine attraktive Optik. Sie können aus der Dose oder der Tiefkühltruhe sein, das geht schnell und schmeckt gut. Im Sommer empfiehlt es sich natürlich, von dem reichen Angebot an Frischobst zu profitieren. Häufig sind auch Nüsse mit von der Partie, sie geben den Torten den richtigen Biss. Mittlerweile gibt es die Nüsse gehackt, gestiftet oder gehobelt fertig abgepackt zu kaufen, das spart Zeit. Ein kurzes Rösten der Nüsse in der Pfanne ohne Zugabe von Fett sorgt für einen intensiveren Geschmack und mehr Knusprigkeit. Wichtig ist, dass die gerösteten Nüsse vollständig abgekühlt sind, wenn sie mit der Torte in Kontakt kommen. Ganz schön cool!

SO GELINGT DER KNUSPERBODEN

Das Gebäck in einen Plastikbeutel geben, diesen gut verschließen und das Gebäck mit Hilfe eines Teigrollers oder der gewölbten Seite einer Schöpfkelle zerbröseln. Das Verkneten der Brösel mit der Butter funktioniert am besten mit dem Schlagmesser in einer Küchenmaschine. Die Knuspermasse in eine beschichtete, gefettete Springform geben und hin und her bewegen, damit sie sich gleichmäßig verteilt. Wer keine beschichtete Form hat, muss Boden und Ring mit Klarsichtfolie belegen bzw. umwickeln. Das Andrücken lässt sich am einfachsten mit einem Kartoffelstampfer bewerkstelligen. Wer keinen besitzt, nimmt einen möglichst großen Löffel.

WICHTIGES ZUBEHÖR

Wer einen Biskuitboden mit Creme füllen möchte, braucht zwei Dinge: eine plane Tortenplatte und einen Tortenring, damit die Creme nicht herunterläuft. Wer keine ganz ebene Tortenplatte hat, kann stattdessen eine runde Metallplatte verwenden. Sie ist in Haushaltswarengeschäften meist unter der Bezeichnung Kuchenheber zu bekommen. Tortenringe gibt es aus Plastik oder Metall. Sie sind flexibel verstellbar. Stabiler, aber teurer sind die Metallringe. Wer keinen Tortenring hat, kann ersatzweise einen Springformrand nehmen und diesen mit der Oberkante nach unten um den Boden legen.

Praktisch zum sauberen Auswischen der Creme aus der Schüssel: ein Teigschaber mit Griff und Gummiblatt.

DAS SERVIEREN

Die Torte rundherum mit einem Messer vom Tortenring oder Springformrand lösen und den Rand abnehmen. Torten in der Springform von unten her mit einem langen Messer oder einer Palette vom Formboden lösen und vorsichtig auf eine

TIPPS FÜR DIE KÜCHENPRAXIS

Servierplatte heben. Die Torte am besten mit einem elektrischen Messer oder auch mit einem fein gezahnten Messer in Stücke teilen.

ZUCKER ODER SÜSSSTOFF?

In den Rezepten stehen für Zucker Grammangaben. Wer keine Waage hat, aber mit Zucker süßen will, kann sich an nebenstehenden Löffelmaßen orientieren. In einigen Rezepten ist aus geschmacklichen Gründen Rohrzucker angegeben. Man erhält ihn im Supermarkt und

Zucker	Flüssigsüßstoff
15 g (1 gestrichener EL)	25 Tropfen
20 g (1 leicht gehäufter EL)	33 Tropfen
25 g (1 gehäufter EL)	42 Tropfen
30 g (2 gestrichene EL)	1/2 TL
50 g (2 gehäufte EL)	3/4 TL
60 g (4 gestrichene EL)	1 TL
75 g (3 gehäufte EL)	1 1/4 TL
90 g (6 gestrichene EL)	1 1/2 TL
100 g (4 gehäufte EL)	7,5 ml (siehe Messkappe)
125 g (5 gehäufte EL)	9,5 ml (siehe Messkappe)

im Reformhaus. Wer keinen bekommt, kann ihn in der Regel durch weißen Zucker ersetzen. Ausnahmen: die Caipirinha-Torte (Rezept Seite 15) und die Mojito-Torte (Rezept Seite 28) – bei diesen beiden Rezepten ist der braune Rohrzucker unerlässlich.

Wer Kalorien sparen will, kann den Zucker in nahezu allen Rezepten durch flüssigen Süßstoff oder Streusüße ersetzen. Die künstlichen Süßmittel enthalten keine oder so gut wie keine Kalorien. Die Streusüße entspricht den Löffelmaßen für Zucker, aber nicht der Grammzahl, denn die künstliche Süße ist leichter. Für Flüssigsüßstoff soll Ihnen oben stehende Tabelle eine Orientierungshilfe geben. Beachten Sie stets auch die Packungsangaben.

QUARK, JOGHURT, MASCARPONE & CO.

Die Wahl des Milchprodukts bestimmt den Kaloriengehalt der Torte entscheidend mit. Wer auf die schlanke Linie achtet, wählt das fettärmere Produkt. Wer üppige, besonders vollmundige Cremes mit hohem Genusswert bevorzugt, greift zum fetthaltigeren Produkt.

Folgende Produkte können meist untereinander ausgetauscht werden:

• Mascarpone gegen Speisequark (40 % Fett)
• Speisequark (40 % Fett) gegen Speisequark (20 % Fett) oder Magerquark
• Crème fraîche gegen Schmand (24 % Fett) und Schmand gegen saure Sahne (10 % Fett)
• Saure Sahne gegen Joghurt
• Doppelrahm-Frischkäse gegen leichten, kalorienreduzierten Frischkäse

je 100 g	kcal	kJ
Mascarpone	460	1925
Speisequark (40 % Fett)	155	650
Speisequark (20 % Fett)	105	440
Magerquark	70	290
Crème fraîche	290	1215
Saure Sahne (10 % Fett)	115	480
Vollmilchjoghurt	70	290
Doppelrahm-Frischkäse	295	1230
Leichter Frischkäse	190	790

ERFRISCHEND & BUNT

TORTEN
MIT FRÜCHTEN

200 g Butterkekse
75 g weiche Butter
Fett für die Form
25 g gehackte Haselnüsse
2 Beutel Zitronen-
Götterspeise
200 ml rosa Grapefruitsaft
150 g Zucker
450 g Schmand
abgeriebene Schale von
1 unbehandelten Zitrone
3 EL Zitronensaft
500 g Sahne
1 Pck. klarer Tortenguss
250 ml frisch gepresster
Orangensaft
1 Pck. Sahnefestiger
2 EL Puderzucker
Fruchtgummifrüchte

1 Kekse zerbröseln, mit der Butter verkneten. Auf den Boden der gefetteten Springform drücken und mit den Nüssen bestreuen. Kühl stellen.

2 Götterspeisepulver, Grapefruitsaft und 100 Milliliter Wasser verrühren, 5 Minuten quellen lassen. 125 Gramm Zucker bei schwacher Hitze darin auflösen. Abkühlen lassen.

3 Die Götterspeise mit Schmand, der Hälfte der Zitronenschale und Zitronensaft verrühren. Etwa 30 Minuten kühlen. 300 Gramm Sahne steif schlagen, unter die gelierende Masse heben, auf den Keksboden streichen und 2 Stunden kühlen.

4 Aus dem Tortengusspulver, restlichem Zucker und Orangensaft einen Guss bereiten und auf der Torte verteilen. 1 Stunde kühlen.

5 Springformrand entfernen. Die restliche Sahne steif schlagen. Sahne-

SCHMAND-ZITRUS-TORTE

Für 1 Springform von 26 cm Ø

TIPP
Den Orangensaft durch ein Sieb gießen, damit der Guss schön klar wird.

🌓 **Zubereitungszeit: ca. 40 Minuten
Kühlzeit: 3 Stunden 30 Minuten**

festiger, Puderzucker und restliche Zitronenschale unterrühren. Ein Gitter aufspritzen. Die Torte mit Fruchtgummifrüchten garnieren.

1. 1 Tortenboden auf eine Platte legen und mit einem Tortenring versehen. Die Aprikosen abtropfen lassen, dabei den Sud auffangen.
2. 100 Milliliter Sud in einem Topf mit dem Gelatinepulver verrühren, 10 Minuten quellen lassen. Den abgetropften Quark mit Likör, Zitronensaft und Puderzucker verrühren.
3. Die Gelatine unter leichtem Erwärmen auflösen. 4 Esslöffel Quarkcreme unterrühren. Die Gelatinemasse unter die restliche Quarkcreme mischen. Die Sahne steif schlagen und unterheben.
4. Den Boden mit einem Drittel der Creme bestreichen. 4 Aprikosen beiseite legen. Die restlichen Früchte auf der Creme verteilen und ein weiteres Drittel der Creme darauf streichen. Mit dem zweiten Boden abdecken.
5. Die Torte mit der verbliebenen Creme überziehen und 2 Stunden kühlen.
6. Die restlichen Aprikosen längs in 3 Stücke teilen und die Torte mit den

2 Lagen heller Wiener Biskuitboden (je 26 cm Ø)
1 Dose Aprikosen (475 g Abtropfgewicht)
1 Pck. gemahlene weiße Gelatine
500 g Quark (20 % Fett)
2 EL Pfirsichlikör
1 EL Zitronensaft
50 g Puderzucker
400 g Sahne
Zitronenmelisseblättchen nach Belieben

APRIKOSENTORTE
MIT KÄSE-SAHNE

🌜 **Zubereitungszeit: ca. 25 Minuten**
Kühlzeit: 2 Stunden

Aprikosenscheiben garnieren. Nach Belieben die Torte zusätzlich mit einigen Zitronenmelisseblättchen dekorieren.

TIPP

Wer Agar Agar bevorzugt, verrührt 1 gehäuften Teelöffel Agar Agar mit 100 Milliliter Ananassud oder -saft. Dies 2 Minuten kochen, etwas abkühlen lassen und unter den Quark rühren. Weiter verfahren wie beschrieben.

VARIANTE

Statt mit Trauben können Sie die Torte auch mit halbierten Pfirsichen belegen.

8 Blatt weiße Gelatine
4 Eigelbe
125 g Zucker
2 EL Zitronensaft
375 ml Weißwein,
z. B. Gewürztraminer
oder Muskateller
400 g Sahne
1 Lage heller Wiener
Biskuitboden (26 cm Ø)
750 g blaue und gelbe
Trauben
1 Pck. klarer Tortenguss

1 Die Gelatine in kaltem Wasser einweichen. Die Eigelbe mit 100 Gramm Zucker, Zitronensaft und 200 Milliliter Wein über einem Wasserbad zu einer schaumigen Creme schlagen.

2 Die Gelatine gut ausdrücken und bei schwacher Hitze in einem Topf in 50 Milliliter Wein auflösen. Die warme Gelatinelösung unter die Weincreme im Wasserbad rühren. Etwa 1 Stunde kühl stellen, ab und zu umrühren.

3 Wenn die Creme beginnt, fest zu werden, die Sahne steif schlagen und unterheben.

4 Den Biskuitboden auf eine Platte legen und mit einem Tortenring versehen. Die Creme darauf geben und glatt streichen. Die Torte 3 Stunden kühlen.

5 Die Trauben waschen, die Beeren abzupfen und sorgfältig trockentupfen. Die Torte mit den Beeren belegen.

6 Den Tortenguss nach Packungsangabe mit 125 Milliliter Wein, 125 Milliliter Wasser und 25 Gramm Zucker

TRAUBENTORTE MIT WEINCREME

TIPP

Den Tortenrand nach Belieben mit gerösteten Mandelblättchen oder gehackten Walnüssen garnieren.

 Zubereitungszeit: ca. 45 Minuten
Kühlzeit: 4 Stunden 30 Minuten

zubereiten. Die Beeren mit dem Tortenguss überziehen. Die Traubentorte nochmals 30 Minuten kühlen.

1. Den Boden auf eine Tortenplatte legen und mit einem Tortenring versehen.
2. Die Erdbeeren waschen, putzen und trockentupfen. 200 Gramm Erdbeeren pürieren. Das Püree mit Kirschwasser und 25 Gramm Puderzucker verrühren. 7 Esslöffel Erdbeerpüree auf dem Boden verstreichen.
3. Den Mascarpone mit verbliebenem Erdbeerpüree und Zitronensaft cremig rühren. Den restlichen Puderzucker untermischen.
4. Die Sahne steif schlagen. Dabei Sahnefestiger und Vanillezucker einrieseln lassen. Die Sahne unter den Mascarpone ziehen. Die Creme auf den Boden streichen.
5. Die Torte mit den restlichen Erdbeeren belegen. Die Konfitüre leicht erwärmen und durch ein Sieb streichen. Die Erdbeeren damit überziehen. Die Torte mit den Pistazien garnieren und etwa 1 Stunde kühlen.

1 Lage heller Wiener Biskuitboden (26 cm Ø)
750 g Erdbeeren
3 EL Kirschwasser oder Himbeergeist
75 g Puderzucker
250 g Mascarpone
1 EL Zitronensaft
200 g Sahne
1 Pck. Sahnefestiger
1 Pck. Vanillezucker
2 EL Erdbeerkonfitüre
25 g gehackte Pistazien

ERDBEERTORTE MIT PISTAZIEN

13

◗ **Zubereitungszeit: ca. 30 Minuten**
Kühlzeit: 1 Stunde

TIPP

Falls Sie mehr Biskuit unter dem Belag wünschen, nehmen Sie 2 Böden, bestreichen 1 davon mit dem Erdbeerpüree und bedecken ihn mit dem zweiten. Anschließend die Creme und die Erdbeeren darauf geben.

1 Die Biskuits fein zerbröseln. 2 Esslöffel Biskuitbrösel beiseite stellen. Restliche Brösel mit der Butter und 3 Esslöffeln Cachaça verkneten. Auf den Boden der gefetteten Springform drücken und kühl stellen.

2 Die Limetten mit heißem Wasser waschen und abtrocknen. Die Schale von 2 Limetten fein abreiben. Sämtliche Früchte auspressen – dies soll etwa 90 Milliliter Saft ergeben.

3 Gelatinepulver mit Limettensaft in einem Topf verrühren, 10 Minuten quellen lassen. Abgeriebene Limettenschale und 100 Gramm Rohrzucker unter den Joghurt rühren.

4 Die Gelatine unter leichtem Erwärmen auflösen. Je 4 Esslöffel Cachaça und Joghurt unterrühren. Gelatinemasse unter den restlichen Joghurt mischen. Etwa 10 Minuten kühlen.

5 Wenn die Masse zu gelieren beginnt, die Sahne steif schlagen und unterheben. Die Creme in die Springform füllen, mindestens 2 Stunden kühlen.

250 g Löffelbiskuits
75 g weiche Butter
8 EL Cachaça (brasilianischer Zuckerrohrschnaps) oder weißer Rum
Fett für die Form
3–4 unbehandelte Limetten
1 1/2 Pck. gemahlene weiße Gelatine
120 g Rohrzucker
350 g Vollmilchjoghurt
400 g Sahne

CAIPIRIÑHA-TORTE

Für 1 Springform von 26 cm Ø

🌓 **Zubereitungszeit: ca. 35 Minuten**
Kühlzeit: 2 Stunden 10 Minuten

6 Restliche Biskuitbrösel mit 20 Gramm Rohrzucker und 1 Esslöffel Cachaça mischen. Die Torte damit bestreuen.

TIPP

2 Limetten in dünne Scheiben schneiden, jeweils bis zur Mitte einschneiden und spiralförmig verdrehen. Die Torte mit den Limetten garnieren.

750 g Früchte nach Belieben, z. B. Weinbeeren, Johannisbeeren, Aprikosen, Pfirsiche
1 unbehandelte Zitrone
2 gehäufte TL Agar Agar
500 ml Weißwein
100 g Zucker

FRÜCHTERING MIT WEINGELEE

Für 1 Ringform von 1,25 l Inhalt

🕐 **Zubereitungszeit: ca. 20 Minuten**
Kühlzeit: 2 Stunden

1 Die Beeren verlesen, waschen, von den Stielen zupfen und trockentupfen. Aprikosen und Pfirsiche mit heißem Wasser überbrühen, kalt abschrecken, häuten, halbieren und entsteinen. Die Pfirsiche vierteln.

2 Die Schale der Zitrone als dünne Spiralen abschneiden. Den Saft auspressen. Agar Agar mit dem Wein in einem Topf verrühren. Zum Kochen bringen und unter Rühren 2 Minuten kochen lassen. Zucker, Zitronenschale und -saft untermischen. Abkühlen lassen.

3 Die Beeren in eine Ring- oder Gugelhupfform geben. Die lauwarme Agar-Agar-Masse darüber gießen, so dass alle Früchte bedeckt sind.

4 Den Früchtering mindestens 2 Stunden in den Kühlschrank stellen.

5 Wenn das Gelee schnittfest ist, die Form kurz in heißes Wasser halten und den Früchtering stürzen. Mit einem fein gezahnten Sägemesser in Stücke teilen.

1. Den Biskuit auf eine Platte legen und mit einem Tortenring versehen.
2. Die Melone halbieren, von den Kernen befreien und schälen. Aus dem Fruchtfleisch 2 Scheiben schneiden (etwa 1 cm dick) und daraus mit Ausstechförmchen 12 kleine Motive, zum Beispiel Herzen, ausstechen. Mit 1/2 Esslöffel Zitronensaft und Likör marinieren.
3. Das verbliebene Fruchtfleisch pürieren. Restlichen Zitronensaft und Zucker unterrühren.
4. Die Gelatine in kaltem Wasser einweichen, ausdrücken und mit wenig Wasser bei schwacher Hitze auflösen. 4 Esslöffel Melonenpüree unter die Gelatine rühren. Die Gelatinemischung unter das restliche Fruchtpüree heben und dieses 15 Minuten kühlen.
5. Die Crème fraîche cremig aufschlagen und unter das gelierende Fruchtpüree ziehen. Die Creme auf den Tortenboden geben und glatt strei-

TIPPS

Charentais-Melonen aus Frankreich haben einen besonders feinen Geschmack. Man erkennt sie an ihrer grünlichen Schale mit Längsstreifen und am aprikosenfarbenen Fruchtfleisch.
Nach Belieben die Torte mit gehackten Pistazien oder kandierten Melonenstückchen garnieren.

MELONENBISKUIT
MIT CRÈME FRAÎCHE

◑ **Zubereitungszeit: ca. 30 Minuten**
Kühlzeit: 2 Stunden 15 Minuten

chen. Die Torte mindestens 2 Stunden kühlen.
6. Die Torte mit den ausgestochenen Melonenherzen garnieren.

1 Lage heller Wiener Biskuitboden (26 cm Ø)
1 Zuckermelone (ca. 1,1 kg)
4 1/2 EL Zitronensaft
1 EL Johannisbeerlikör
75 g Zucker
10 Blatt weiße Gelatine
500 g Crème fraîche

MANGOTORTE MIT MANDELN

Für 1 Springform von 24 cm Ø

**Zubereitungszeit: ca. 35 Minuten
Kühlzeit: 2 Stunden 45 Minuten**

TIPP

Einen hübschen Farbeffekt erzielen Sie, wenn Sie die Torte mit Granatapfelkernen garnieren.

200 g Löffelbiskuits
75 g weiche Butter
Fett für die Form
2 Mangos (je ca. 500 g)
100 g Zucker
6 EL Zitronensaft
1 1/2 Pck. gemahlene weiße Gelatine
150 ml Multi-Vitamin-Saft
400 g Crème fraîche
150 g saure Sahne
25 g Mandelstifte

VARIANTE

850 Gramm abgetropfte Mangostücke aus der Dose nehmen. Das Zuckern der Früchte entfällt. Die gequollene Gelatine bei schwacher Hitze auflösen, nicht erhitzte Früchte und Creme unterrühren.

1 Biskuits in einem Plastikbeutel fein zerbröseln, mit der Butter verkneten. Auf den Boden der gefetteten Springform drücken und kühl stellen.

2 Die Mangos schälen. Das Fruchtfleisch vom Kern schneiden und würfeln. Mit 2 Esslöffeln Zucker und dem Zitronensaft marinieren.

3 Gelatinepulver mit dem Saft verrühren, 10 Minuten quellen lassen.

4 Mangos mit Marinierflüssigkeit erhitzen, 2 Minuten kochen. Etwas abkühlen lassen. 12 Fruchtstücke beiseite legen. Gelatine unter die heiße Fruchtmasse rühren und auflösen, etwa 45 Minuten kühl stellen.

5 Crème fraîche, saure Sahne und 70 Gramm Zucker cremig rühren. Wenn die Fruchtmasse zu gelieren beginnt, 3 Esslöffel Creme unterheben. Die Geliermasse unter die restliche Creme ziehen.

6 Die Creme auf den Boden streichen, mindestens 2 Stunden kühlen.

7 Mandelstifte in einer Pfanne ohne Fett rösten. Abkühlen lassen. Die Torte damit bestreuen und mit den Fruchtstückchen garnieren.

200 g Vollkornbutterkekse
75 g weiche Butter
Fett für die Form
800 g Vollmilchjoghurt
1 Pck. Vanillezucker
1 EL Zitronensaft
3 gehäufte TL Agar Agar
375 ml Johannisbeersaft
100 g Rohrzucker
200 g Sahne
650 g Sommerbeeren,
z. B. Heidelbeeren, Him-
beeren, Johannisbeeren,
Brombeeren

1 Kekse in einem Plastikbeutel fein zerbröseln, mit der Butter verkneten. Auf den Boden der gefetteten Spring- form drücken und kühl stellen.

2 Joghurt cremig rühren, Vanillezucker und Zitronensaft untermischen.

3 2 gehäufte Teelöffel Agar Agar mit 125 Milliliter Johannisbeersaft ver- rühren. Zum Kochen bringen, etwa 2 Minuten unter Rühren kochen. Bei- seite stellen und 75 Gramm Rohrzu- cker unterrühren. 2 Minuten stehen lassen. Mit 5 Esslöffeln Joghurtcreme vermischen und unter die restliche Joghurtcreme ziehen.

4 Sahne steif schlagen und unter die gelierende Joghurtcreme heben. Die Masse in die Springform einfüllen. Etwa 2 Stunden kühlen.

5 Die Beeren verlesen, waschen und trockentupfen. Die Torte damit bele- gen. 250 Milliliter Johannisbeersaft, 25 Gramm Rohrzucker und 1 gehäuf- ten Teelöffel Agar Agar verrühren, zum Kochen bringen. 2 Minuten un-

20

JOGHURTTORTE
MIT SOMMERBEEREN
Für 1 Springform von 26 cm Ø

TIPP
Statt Agar Agar können Sie auch 12 Blatt weiße Gelatine, die im Saft bei schwacher Hitze auf- gelöst wird, nehmen. Für den Guss klares Tortengusspulver verwenden.

🌓 **Zubereitungszeit: ca. 40 Minuten**
Kühlzeit: 2 Stunden 30 Minuten

ter Rühren kochen. Etwas abkühlen lassen und die Früchte damit überzie- hen. Die Torte 30 Minuten kühl stellen.

1 Den Zwieback zerbrechen und in einem Plastikbeutel fein zerbröseln. Mit Zimt, Zucker und Butter verkneten. Auf den Boden der gefetteten Springform drücken, kühl stellen.

2 Die Heidelbeeren verlesen, waschen und trockentupfen. 400 Gramm Beeren leicht zerdrücken.

3 Gelatinepulver mit Kirschsaft verrühren, 10 Minuten quellen lassen.

4 Die Sahne steif schlagen, Sahnefestiger, gesiebten Puderzucker (1 Teelöffel beiseite stellen), Zitronenschale und -saft unterrühren.

5 Die Gelatine unter leichtem Erwärmen auflösen. 4 Esslöffel Sahne unter die Gelatine mischen. Die Gelatinemasse unter die restliche Sahne heben. 5 Esslöffel Sahne abnehmen und kühl stellen. Zerdrückte Beeren unter die verbliebene Sahne heben.

6 Beerensahne in die Form geben und glatt streichen. 2 Stunden kühlen.

7 Die restliche Sahne in einen Spritzbeutel mit Sterntülle füllen und

14 Zwiebackscheiben (ca. 150 g)
1 TL Zimt
1 EL Zucker
75 g weiche Butter
Fett für die Form
500 g Heidelbeeren
1 Pck. gemahlene weiße Gelatine
5 EL Kirschsaft
500 g Sahne
2 Pck. Sahnefestiger
75 g Puderzucker
abgeriebene Schale von 1 unbehandelten Zitrone
1 EL Zitronensaft

HEIDELBEER-SAHNE

Für 1 Springform von 24 cm Ø

Zubereitungszeit: ca. 40 Minuten
Kühlzeit: 2 Stunden

Tupfen auf die Beerensahne spritzen. Die Torte mit den restlichen Heidelbeeren garnieren und mit restlichem Puderzucker bestäuben.

VARIANTE

Statt Kirschsaft können Sie auch Kirsch- oder Johannisbeerlikör verwenden.

1. Die Kekse in einem Plastikbeutel fein zerbröseln, mit der Butter verkneten. Auf den Boden der gefetteten Springform drücken und kühl stellen.
2. 4 Kiwis schälen und würfeln. Zusammen mit dem Zitronensaft und 2 Esslöffeln Zucker erhitzen und 4 Minuten bei schwacher Hitze kochen.
3. Den Joghurt cremig rühren, restlichen Zucker und den Vanillezucker untermischen.
4. Die Gelatine in kaltem Wasser einweichen, gut ausdrücken und in der heißen, aber nicht mehr kochenden Kiwimasse auflösen. 3 Esslöffel Joghurt unter die Kiwimasse rühren. Die Gelatinemasse unter die Joghurtcreme ziehen. 30 Minuten in den Kühlschrank stellen.
5. Die Creme in die Springform geben und die Torte mindestens 3 Stunden kühlen.
6. Die Mandelblättchen in einer Pfanne ohne Fett rösten. Abkühlen lassen. Restliche Kiwis schälen, in Scheiben

200 g Butterkekse
75 g weiche Butter
Fett für die Form
6 Kiwis
3 EL Zitronensaft
75 g Zucker
700 g Vollmilchjoghurt
1 Pck. Vanillezucker
10 Blatt weiße Gelatine
25 g Mandelblättchen
1 TL Akazienhonig

KIWITORTE MIT JOGHURTCREME

Für 1 Springform von 26 cm Ø

INFO
Das Kochen der Kiwis ist notwendig, da dadurch das Enzym Actinidin unwirksam gemacht wird, das sonst das Gelieren verhindern würde.

🌓 **Zubereitungszeit: ca. 40 Minuten
Kühlzeit: 3 Stunden 30 Minuten**

schneiden und mit Honig bestreichen. Die Torte mit den gerösteten Mandeln bestreuen und mit den Kiwischeiben garnieren.

1 Die Cornflakes in einem Plastikbeutel fein zerbröseln. Mit dem Zucker und der Butter verkneten. Auf den Boden der gefetteten Springform drücken, 30 Minuten kühl stellen.

2 Die Himbeeren verlesen, waschen und trockentupfen. Frischkäse, abgetropften Quark, Zitronensaft, Puderzucker und 2 Päckchen Sahnefestiger cremig rühren. Himbeeren mit den Quirlen des elektrischen Handrührers unter die Masse mischen. Die Creme auf den Boden streichen. 2 Stunden kühl stellen.

3 Die Konfitüre durch ein Sieb streichen. Die Sahne steif schlagen, dabei Vanillezucker und restlichen Sahnefestiger einrieseln lassen.

4 Die Sahne spiralförmig auf die Torte spritzen, mit der Konfitüre hübsch garnieren.

Zubereitungszeit: ca. 25 Minuten
Kühlzeit: 2 Stunden

Für 1 Springform von 24 cm Ø

TIPP

Wenn frische Himbeeren keine Saison haben, können Sie die Torte auch mit tiefgefrorenen Beeren zubereiten.

175 g Cornflakes
1 EL Zucker
50 g weiche Butter
Fett für die Form
250 g Himbeeren
400 g Doppelrahm-Frischkäse
250 g Quark (20 % Fett)
2 EL Zitronensaft
75 g Puderzucker
3 Pck. Sahnefestiger
2 EL Himbeerkonfitüre
200 g Sahne
1 Pck. Vanillezucker

HIMBEERTORTE MIT FRISCHKÄSE

1 Müsli, 75 Gramm Zucker und Butter verkneten. Die Masse auf den Boden der gefetteten Springform drücken. Kühl stellen.

2 Die Mandarinen in einem Sieb abtropfen lassen, dabei den Sud auffangen.

3 Frischkäse mit abgetropftem Quark, Joghurt und Zitronensaft cremig rühren. Die Mandarinen auspressen. Mit Sud aus der Dose auf 150 Milliliter auffüllen.

4 Den Saft mit Tortengusspulver und 100 Gramm Zucker verrühren und zum Kochen bringen. Kurz abkühlen lassen und unter die Käsecreme ziehen.

5 Die frischen Mandarinen schälen. 12 Mandarinenfilets für die Garnitur beiseite legen. Restliche Mandarinen unter die Creme heben, diese auf dem Boden verteilen und glatt streichen. 3 Stunden kühlen.

6 Die Marmelade erwärmen, mit einem Pinsel auf die Torte streichen. Mit Mandarinenfilets garnieren.

200 g Früchtemüsli
175 g Zucker
75 g weiche Butter
Fett für die Form
2 Dosen Mandarinen
(je 175 g Abtropfgewicht)
200 g Doppelrahm-Frischkäse
250 g Magerquark
300 g Vollmilchjoghurt
2 EL Zitronensaft
1 Pck. klarer Tortenguss
4 frische Mandarinen
2 EL Orangenmarmelade

MANDARINENTORTE MIT MÜSLI

Für 1 Springform von 26 cm Ø

TIPP

Falls Sie eine Müslimischung mit Nüssen gewählt haben, die Mischung vorher mit dem Schlagmesser in der Küchenmaschine zerkleinern.

◖ Zubereitungszeit: ca. 30 Minuten
Kühlzeit: 3 Stunden

1 Die Nektarinen überbrühen, abschrecken, häuten, halbieren, entsteinen und vierteln. Die Hälfte der Früchte mit 3 Esslöffeln Zitronensaft und 1 Esslöffel Zucker marinieren.

2 Die andere Hälfte mit restlichem Zucker (bis auf 1 Esslöffel) und Zitronensaft pürieren.

3 Das Püree mit Zitronenschale und 2 Päckchen Tortenguss verrühren und aufkochen. Abkühlen lassen und etwa 10 Minuten kühlen. Wenn die Masse beginnt, fest zu werden, den Joghurt unterheben.

4 Die Sahne steif schlagen. Sahnefestiger und Puderzucker untermischen und unter die Joghurtmasse heben.

5 Den Biskuitboden auf eine Tortenplatte legen, mit einem Tortenring versehen. Die Joghurtcreme darauf geben und 2 Stunden kühlen.

6 Die marinierten Nektarinen abtropfen lassen und auf die Torte legen.

7 Die Marinade mit Rotwein auf 250 Milliliter auffüllen. Aus der Flüssigkeit, 1 Esslöffel Zucker und restlichem Tortengusspulver einen Guss zubereiten und über die Früchte verteilen. 30 Minuten kühlen.

1,5 kg Nektarinen
7 EL Zitronensaft
120 g Zucker
abgeriebene Schale von
1 unbehandelten Zitrone
3 Pck. klarer Tortenguss
350 g Vollmilchjoghurt
200 g Sahne
1 Pck. Sahnefestiger
1 EL Puderzucker
1 Lage heller Wiener
Biskuitboden (26 cm Ø)
ca. 225 ml Rotwein

NEKTARINENTORTE
MIT ROTWEINGUSS

🕐 **Zubereitungszeit: ca. 50 Minuten**
Kühlzeit: 2 Stunden 40 Minuten

VARIANTE

Für eine alkoholfreie Version dieser Torte verwenden Sie Kirschsaft anstatt Wein. Die Zubereitung verändert sich dadurch nicht.

1 Die Schokolade in kleine Stücke schneiden. Ananasringe abtropfen lassen, dabei den Saft auffangen.

2 Sahne zum Kochen bringen. Den Topf vom Herd nehmen, Schokolade einrühren und schmelzen lassen. Kokosraspel und -likör zugeben.

3 1 Boden auf eine Platte legen und mit einem Tortenring versehen. Mit der Kokossahne bestreichen und mit dem zweiten Boden abdecken.

4 2 Ananasringe in insgesamt 12 Stücke schneiden. Die Hälfte der restlichen Ananas klein schneiden und auf dem Biskuit verteilen. Mit Rum beträufeln. Die verbliebenen Ananasringe fein würfeln.

5 Den abgetropften Quark cremig rühren, Zitronensaft und fein gewürfelte Ananas untermischen.

6 Tortengusspulver mit 250 Milliliter Ananassaft und Zucker unter Rühren zum Kochen bringen. Sofort unter den Quark ziehen. Die Creme auf den

100 g weiße Schokolade
1 Dose Ananasringe in Ananassaft ohne Zuckerzusatz (490 g Abtropfgewicht)
100 g Sahne
200 g Kokosraspel
2 EL Kokoslikör
2 Lagen heller Wiener Biskuitboden (je 26 cm Ø)
5 EL weißer Rum
750 g Quark (40 % Fett)
3 EL Zitronensaft
2 Pck. klarer Tortenguss
75 g Zucker
50 g Kokoschips
12 Kokos-Mandel-Kugeln (Raffaello-Kugeln)

PIÑA-COLADA-TORTE

Zubereitungszeit: ca. 1 Stunde
Kühlzeit: 3 Stunden

INFO
Diese Torte hat ihren Namen von dem bekannten Cocktail mit seinen Zutaten Ananas, Kokosnuss und weißer Rum.

oberen Boden streichen. Die Torte 3 Stunden kühl stellen.

7 Die Torte rundum mit den Kokoschips bestreuen, mit den 12 Ananasstücken und den Raffaellos garnieren.

Als begleitendes Getränk schmeckt frisch gepresster Orangensaft.

1 fertiger Zitronenkuchen (kastenförmig, ca. 23×8 cm)
3–4 unbehandelte Limetten
5 EL weißer Rum
1 EL Puderzucker
1 Bund Minze
500 g Mascarpone
75 g Rohrzucker

28

TIPP
Wählen Sie Limetten mit feinporiger Schale. Sie ergeben besonders viel Saft.

1 Den Kuchen der Länge nach senkrecht in 4 Scheiben schneiden (etwa 2 cm dick) und eng nebeneinander in eine rechteckige Form legen.

2 Die Limetten mit heißem Wasser waschen und abtrocknen. Die Schale von 2 Limetten fein abreiben. Die Schale der dritten Limette als dünne Spiralen abschneiden. Den Saft auspressen. Den Rum mit 5 Esslöffeln Limettensaft und Puderzucker verrühren. Den Kuchen damit tränken.

3 Die Minze waschen und trockentupfen. 24 schöne Blättchen für die Garnitur beiseite legen. Die restlichen Blätter in feine Streifen schneiden.

4 Den Mascarpone cremig rühren. Zucker, restlichen Limettensaft (es sollten etwa 4 Esslöffel sein), abgeriebene Limettenschale und Minzestreifen unterrühren.

5 Die Creme auf die Kuchenscheiben streichen. Mit Minzeblättchen und Limettenspiralen garnieren. Mindestens 2 Stunden kühl stellen.

MOJITO-TORTE

Für 1 eckige Form von 23 × 30 cm Größe

◑ **Zubereitungszeit: ca. 25 Minuten**
Kühlzeit: 2 Stunden

1 Den Biskuitboden auf eine Platte legen, mit einem Tortenring versehen und mit 30 Milliliter Orangensaft sowie 3 Esslöffeln Likör beträufeln. Die Schale von der unbehandelten Orange fein abreiben.

2 Gelatinepulver mit 120 Milliliter Orangensaft verrühren, 10 Minuten quellen lassen. Abgetropften Quark, Mascarpone, 120 Gramm Zucker und Orangenschale cremig rühren.

3 Die Gelatine unter leichtem Erwärmen auflösen. 3 Esslöffel Quarkcreme und 2 Esslöffel Orangenlikör unter die Gelatine rühren, dies unter die restliche Quarkcreme ziehen.

4 Die Sahne steif schlagen, unter die gelierende Creme heben, auf den Tortenboden geben und glatt streichen. 2 Stunden kühl stellen.

5 Die Orangen schälen, in Scheiben schneiden und diese halbieren. Die Torte mit Orangenscheiben belegen.

6 Das Tortengusspulver mit 30 Gramm Zucker, Campari, 100 Milliliter Orangensaft und 50 Milliliter Wasser nach Packunsangabe zubereiten. Den Guss rasch auf der Torte verteilen. Die Campari-Torte nochmals 1 Stunde kühl stellen.

1 Lage heller Wiener Biskuitboden (26 cm Ø)
250 ml frisch gepresster Orangensaft
5 EL Orangenlikör
3 Orangen (eine davon unbehandelt)
1 1/2 Pck. gemahlene weiße Gelatine
250 g Magerquark
250 g Mascarpone
150 g Zucker
400 g Sahne
1 Pck. klarer Tortenguss
100 ml Campari

CAMPARI-TORTE

◑ **Zubereitungszeit: ca. 30 Minuten**
Kühlzeit: 3 Stunden

TIPP

Die Torte nach Belieben mit Orangenschalenspiralen und Minzeblättchen garnieren.

SÜSS & NUSSIG

CREMIGE
TORTEN

200 g Amarettini
(kleine Amaretti)
50 g weiche Butter
Fett für die Springform
350 g abgetropfte
Aprikosen aus der Dose
250 g Mascarpone
250 g Quark (20 % Fett)
75 g Puderzucker
1 1/2 Pck. Sahnefestiger
3 1/2 EL Apricot Brandy oder
Orangenlikör
1 EL Espressopulver
1 EL Mandelstifte
2 EL Aprikosenkonfitüre

1 150 Gramm Amarettini zerbröseln.
   Mit Butter verkneten und in die gefettete Springform drücken. Kühl stellen.

2 Von den Aprikosenhälften 8 Früchte
   für die Garnitur beiseite legen. Restliche Aprikosen klein schneiden.

3 Mascarpone und Quark zusammen
   cremig rühren. Puderzucker, Sahnefestiger, 3 Esslöffel Likör und das
   Espressopulver unterziehen.

4 3 Esslöffel Mascarponecreme abnehmen und kühl stellen. Die zerkleinerten Aprikosen unter die restliche
   Creme rühren und auf dem Amaretti-
   niboden verteilen. 1 Stunde kühlen.

5 Mandelstifte in einer Pfanne ohne
   Fett rösten. Abkühlen lassen.

6 Die Konfitüre erwärmen, durch ein
   Sieb streichen und mit 1/2 Esslöffel
   Likör verrühren. Aprikosenhälften auf
   die Torte setzen und mit etwas Konfitüre bestreichen.

7 Die zurückbehaltene Mascarponecreme in einen Spritzbeutel mit
   Sterntülle füllen und Rosetten auf-

AMARETTINI-TORTE
MIT ESPRESSO
Für 1 Springform von 18 cm Ø

TIPP
Besonders hübsch sieht es aus,
wenn Sie die aufgespritzten
Rosetten mit Silberperlen
dekorieren.

◑ **Zubereitungszeit: ca. 25 Minuten**
Kühlzeit: 1 Stunde

spritzen. Die Torte mit den gerösteten Mandelstiften bestreuen und
rundum mit Amarettini garnieren.

1 Die Löffelbiskuits im Plastikbeutel fein zerbröseln. Mit Butter verkneten und in die gefettete Springform drücken. Kühl stellen.

2 Die Schokolade fein hacken. Den Puderzucker sieben und mit dem Sahnefestiger mischen. Das Cappuccinopulver unter die Sahne rühren, so dass sich das Pulver auflöst.

3 Die Sahne steif schlagen. Die Puderzuckermischung und den Zimt einrühren.

4 Den abgetropften Quark cremig rühren. Sahne und Schokolade unterheben.

5 Die Sahnecreme in einen Spritzbeutel mit großer Sterntülle füllen und dekorativ auf den Boden spritzen. Die Torte 1 Stunde kühlen.

6 Die Torte vor dem Servieren mit den Mokkabohnen garnieren.

200 g Löffelbiskuits
75 g weiche Butter
Fett für die Form
100 g Mokkaschokolade
2 EL Puderzucker
2 Pck. Sahnefestiger
25 g Instant-Cappuccinopulver
400 g Sahne
3 Msp. Zimt
250 g Quark (40 % Fett)
24 Mokkabohnen aus Schokolade

CAPPUCCINO-TORTE

Für 1 Springform von 24 cm Ø

◑ **Zubereitungszeit: ca. 25 Minuten**
Kühlzeit: 1 Stunde

TIPP

Das Instant-Cappuccinopulver wird häufig in tassengerechten Portionspackungen angeboten. Sie brauchen etwa 2 1/2 Tütchen davon. Je nach Fabrikat ist das Cappuccinopulver unterschiedlich gesüßt.

1 Eigelbe und Zucker cremig aufschlagen. 1 Esslöffel Kakaopulver dazusieben. Die Nuss-Nougat-Creme und 2 Esslöffel Kirschwasser verquirlen und unter die Eigelbcreme rühren.

2 Eiweiße mit 1 Prise Salz zu Eischnee steif schlagen. Die Sahne ebenfalls steif schlagen. Eischnee und Sahne unter die Creme heben. Konfitüre oder Gelee mit restlichem Kirschwasser verrühren.

3 Die Gugelhupfform mit kaltem Wasser ausspülen. Die Hälfte der Masse hineinfüllen. Konfitüre oder Gelee in kleinen Klecksen darauf verteilen. Die restliche Masse darauf geben und glatt streichen. Die Form mit Alufolie verschließen. Etwa 4 Stunden im Tiefkühler gefrieren lassen.

4 Die Form 10 Minuten vor dem Servieren herausnehmen. Den Gugelhupf auf eine Platte stürzen und mit Kakaopulver bestäuben.

3 Eigelbe
60 g Zucker
1 1/4 EL Kakaopulver
1 EL Nuss-Nougat-Creme
3 EL Kirschwasser
2 Eiweiße
1 Prise Salz
300 g Sahne
6 TL Kirschkonfitüre oder Johannisbeergelee

SCHOKO-EIS-GUGELHUPF

Für 1 Gugelhupfform von 1 l Inhalt

TIPP
Der Gugelhupf hält sich etwa 2 Monate im Tiefkühlfach und ist somit ein idealer süßer Vorrat für Überraschungsbesuch.

◑ **Zubereitungszeit: ca. 25 Minuten**
Gefrierzeit: 4 Stunden

1. Espresso und Grappa verrühren, den Biskuitboden damit beträufeln.
2. Die Zitrone heiß waschen und abtrocknen. Die Schale der Zitrone fein abreiben. Den Saft auspressen und durch ein Sieb gießen.
3. Den Mascarpone cremig rühren. Zitronenschale und -saft, gesiebten Puderzucker und Sahnefestiger einarbeiten.
4. Die Mascarponecreme auf dem Boden verteilen und glatt streichen. Die Torte mindestens 2 Stunden kühl stellen.
5. Die Tiramisu-Torte vor dem Servieren mit dem Kakaopulver bestäuben.

🕐 **Zubereitungszeit: ca. 20 Minuten**
Kühlzeit: 2 Stunden

TIPP
Wenn Sie die Creme mit einem gezackten Teigkärtchen glatt streichen, bekommt die Torte ein schönes Rillenmuster. Wer keines hat, zieht die Rillen mit einer Gabel.

VARIANTEN
Statt mit Grappa können Sie die Torte auch mit Weinbrand, Kaffee- oder Orangenlikör tränken.

75 ml kalter Espresso
6 EL Grappa
1 Biskuit-Obstkuchenboden mit Rand (26 cm Ø)
1 unbehandelte Zitrone
500 g Mascarpone
60 g Puderzucker
1 Pck. Sahnefestiger
1 TL Kakaopulver

TIRAMISU-TORTE MIT GRAPPA

1 400 Gramm Schokolade mit dem Messer klein schneiden. Die Sahne zum Kochen bringen. Den Topf vom Herd nehmen. Die Schokolade und 2 Esslöffel Likör unterrühren. Abkühlen lassen. Die Masse mindestens 6 Stunden in den Kühlschrank stellen.

2 Den Boden auf eine Platte legen und mit einem Tortenring versehen. Den restlichen Likör mit 4 Esslöffeln Marmelade verrühren. Den Boden damit bestreichen.

3 Die Schokoladensahne cremig aufschlagen, Sahnefestiger dabei einrieseln lassen. Die Sahne auf den Boden geben und glatt streichen. 2 Stunden kühlen.

4 Die restliche Marmelade durch ein Sieb streichen und auf der Oberfläche der Torte verteilen. Die restliche Schokolade mit einem Gemüseschäler zu Spänen hobeln und Tortenoberfläche und Rand damit bestreuen.

450 g Zartbitterschokolade
400 g Sahne
4 EL Orangenlikör
1 Lage dunkler Wiener Biskuitboden (26 cm Ø)
5 EL Orangenmarmelade
1 Pck. Sahnefestiger
12 Orangenplätzchen, auf einer Seite mit Schokolade überzogen

SCHOKOLADENTORTE
À L'ORANGE

VARIANTEN

Statt mit Orangenplätzchen können Sie die Torte auch mit kandierten Orangenhälften oder Pralinen garnieren.

◑ **Zubereitungszeit: ca. 25 Minuten**
Kühlzeit: 8 Stunden

5 Die Plätzchen halbieren und jeweils eine dunkle und eine helle Seite aneinandergelegt auf die Torte setzen. Auf diese Weise 12 Stücke markieren.

1. Die Butter mit dem Zucker cremig rühren. Pumpernickel fein zerbröseln und mit 50 Gramm Mandeln und dem Kirschwasser unter die Butter kneten. Die Masse in die gefettete Springform drücken, mindestens 1 Stunde kühlen.

2. Die Kirschen abtropfen lassen. Restliche Mandeln in einer Pfanne ohne Fett rösten, abkühlen lassen.

3. Frischkäse, Zitronensaft und 75 Gramm Puderzucker mit einer Gabel zu einer glatten Masse verarbeiten. Die Sahne steif schlagen. Restlichen Puderzucker, Vanillezucker und Sahnefestiger unterrühren.

4. Die Käsemasse in die Form füllen und gleichmäßig verteilen. Die Kirschen darauf setzen. Die Sahne auf die Kirschen geben und glatt streichen.

5. Die Torte mindestens 5 Stunden, noch besser über Nacht, kühl stellen.

6. Die Schokolade mit einem Gemüseschäler zu Spänen hobeln. Die Torte mit den Schokospänen und den gerösteten Mandeln garnieren.

100 g weiche Butter
75 g Zucker
150 g Pumpernickel
150 g gehackte Mandeln
2 EL Kirschwasser
Fett für die Form
1 Glas Sauerkirschen (350 g Abtropfgewicht)
200 g Doppelrahm-Frischkäse
2 EL Zitronensaft
125 g Puderzucker
500 g Sahne
2 Pck. Vanillezucker
2 Pck. Sahnefestiger
25 g Zartbitterschokolade

38

FRISCHKÄSETORTE
MIT KIRSCHEN

Für 1 Springform von 24 cm Ø

SERVIERTIPP

Die Frischkäsetorte eignet sich gut für den Winter, da kein frisches Obst benötigt wird. Dazu schmeckt ein heißer Kakao.

◑ **Zubereitungszeit: ca. 30 Minuten**
Kühlzeit: 6 Stunden

1. Die Zwetschgen waschen, trockentupfen, halbieren, entsteinen und vierteln. Mit Rohrzucker, 4 Esslöffeln Schnaps und 3/4 Teelöffel Zimt etwa 30 Minuten marinieren.
2. Die Form mit den Löffelbiskuits auslegen. Mascarpone mit Crème fraîche, Zitronensaft und -schale sowie dem Puderzucker verrühren.
3. Ein Viertel der Mascarponecreme beiseite stellen und kühlen. Restliche Creme mit Pflaumenmus und verbliebenem Schnaps verrühren.
4. Die Zwetschgenviertel auf den Biskuits verteilen. Mit der Marinierflüssigkeit beträufeln. Die Mascarpone-Pflaumenmus-Creme darauf geben und glatt streichen. Etwa 1 Stunde kühlen.
5. Die Schokolade reiben. Vanillezucker unter die restliche Mascarponecreme rühren. Die Creme in einen Spritzbeutel mit Sterntülle füllen und die

500 g Zwetschgen
3 EL Rohrzucker
5 EL Zwetschgenschnaps oder Weinbrand
1 1/4 TL Zimt
25 Löffelbiskuits (ca. 170 g)
500 g Mascarpone
400 g Crème fraîche
Saft und Schale von
1 unbehandelten Zitrone
75 g Puderzucker
100 g Pflaumenmus
50 g Vollmilchschokolade
1/2 Pck. Vanillezucker

ZWETSCHGENTORTE MIT ZIMT

Für 1 runde Form von 26 cm Ø

◗ **Zubereitungszeit: ca. 30 Minuten**
Marinierzeit: ca. 30 Minuten
Kühlzeit: 1 Stunde

VARIANTE

Wenn Zwetschgen keine Saison haben, können Sie auch entsteinte frische Kirschen oder Kirschen aus dem Glas verwenden.

Torte damit garnieren. Mit der Schokolade bestreuen und mit restlichem Zimt bestäuben.

1 Den Likör mit dem Weinbrand verrühren. Den Obstkuchenboden mit der Mischung beträufeln.

2 Die Mandelstifte in einer Pfanne ohne Fett rösten. Abkühlen lassen. Die Baisers in einem Plastikbeutel grob zerstoßen. Die Hälfte der Baiserstücke auf dem Boden verteilen. Die Schokolade reiben.

3 Die Sahne steif schlagen. Sahnefestiger und Puderzucker dabei einrieseln lassen. Mandeln und Schokolade unterheben.

4 Die Sahne auf den Kuchenboden geben und kuppelförmig verstreichen. Die restlichen Baiserstücke gleichmäßig auf die Sahne streuen. Die Torte mindestens 4 Stunden kühlen.

5 Die Baiser-Torte vor dem Servieren mit den Mikadostäbchen dekorieren.

2 EL Mandellikör
2 EL Weinbrand
1 Biskuit-Obstkuchenboden mit Rand (26 cm Ø)
100 g Mandelstifte
75 g fertige Baisers (Eiweißschaumgebäck, beim Bäcker oder im Supermarkt erhältlich)
100 g Zartbitterschokolade
600 g Sahne
2 1/2 Pck. Sahnefestiger
50 g Puderzucker
16 Schokoladenstäbchen (Mikado-Knabbersticks)

BAISER-TORTE
MIT KNUSPERSAHNE

🕐 **Zubereitungszeit: ca. 20 Minuten**
Kühlzeit: 4 Stunden

TIPP

Die Sahne niemals auf der höchsten Stufe mit den Quirlen des elektrischen Handrührers schlagen, sondern die niedrigste oder mittlere Stufe wählen. So wird sie besonders luftig.

1. Die Kekse im Plastikbeutel fein zerbröseln. Mit Butter und 1 Esslöffel Likör verkneten, in die gefettete Springform drücken. Kühl stellen.

2. Gelatine in kaltem Wasser einweichen. Crème fraîche und Quark cremig rühren. 50 Gramm Zucker und 100 Gramm Konfitüre unterrühren.

3. 3 Esslöffel Likör erwärmen, die Gelatine ausdrücken und bei schwacher Hitze darin auflösen. 4 Esslöffel Quarkcreme unter die Gelatine rühren. Die Gelatinemischung unter die restliche Creme heben.

4. Restliche Konfitüre mit restlichem Likör verrühren, den Boden damit überziehen. Die Creme darauf geben und glatt streichen. 3 Stunden kühlen.

5. Die Mandeln in einer Pfanne ohne Fett rösten. Mit restlichem Zucker bestreuen, leicht karamellisieren lassen. Mit Zimt bestäuben und abkühlen lassen.

6. Die Kirschen waschen und trockentupfen, die Stiele nicht entfernen.

200 g Cantuccini
(italienische Mandelkekse)
75 g weiche Butter
5 EL Mandellikör (Amaretto)
Fett für die Form
4 Blatt weiße Gelatine
400 g Crème fraîche
200 g Magerquark
60 g Zucker
150 g Kirschkonfitüre
50 g gehackte Mandeln
1/2 TL Zimt
12 frische Kirschen

MANDELKEKSTORTE
MIT AMARETTO

Für 1 Springform von 24 cm Ø

VARIANTEN

Statt karamellisierter Zimtmandeln zerkleinerte, gebrannte Mandeln vom Jahrmarkt verwenden. Wenn es keine frischen Kirschen gibt, die Torte mit kandierten Kirschen dekorieren.

◑ **Zubereitungszeit: ca. 30 Minuten**
Kühlzeit: 3 Stunden

7. Die Torte mit den karamellisierten Mandeln bestreuen und mit den Kirschen dekorieren.

1 Den Kuchen waagerecht in 4 Scheiben schneiden. Jede Scheibe mit Likör beträufeln und mit Konfitüre bestreichen.

2 Kandierte Früchte würfeln. Abgetropften Quark mit Zitronensaft cremig rühren. Die Sahne steif schlagen, Puderzucker und Sahnefestiger dabei einrieseln lassen. Sahne und kandierte Früchte unter den Quark heben.

3 Die unterste Kuchenscheibe auf eine Platte legen und mit der Quark-Sahne-Mischung bestreichen. 1 weitere Scheibe darauf legen und wiederum mit der Creme bestreichen. Fortfahren, bis alle Scheiben verbraucht sind. Die oberste Scheibe nicht mit Quark überziehen. Den Kuchen mindestens 2 Stunden kühlen.

4 Die Schokolade reiben. Kaffee in einen Topf gießen, die Schokolade darin bei schwacher Hitze unter Rühren schmelzen. Die Butter in feinen Flöckchen nach und nach unterrühren. Kurz abkühlen lassen.

1 fertiger Zitronen- oder Sandkuchen (ca. 23 × 8 cm)
3 EL Maraschino- oder Orangenlikör
200 g Erdbeerkonfitüre
50 g kandierte Früchte
250 g Quark (20 % Fett)
1 EL Zitronensaft
100 g Sahne
50 g Puderzucker
1 Pck. Sahnefestiger
200 g Zartbitterschokolade
6 EL starker Kaffee
50 g Butter

CASSATA

**Zubereitungszeit: ca. 50 Minuten
Kühlzeit: 2 Stunden und 1 Tag**

5 Die Cassata mit der Schokolade überziehen. Mindestens 1 Tag oder über Nacht kühlen, damit der Kuchen gut durchziehen kann.

TIPP

Für den besseren Halt des Kuchens zum Kühlen eventuell eine passende Kastenform überstülpen.

150 g Schokoladen-
plätzchen
50 g gehackte Haselnüsse
1 EL Zucker
75 g weiche Butter
Fett für die Form
1 Dose Pfirsiche
(465 g Abtropfgewicht)
1 Pck. gemahlene weiße
Gelatine
400 g Schmand
250 g Magerquark
2 EL Zitronensaft
75 g Puderzucker
25 g Zartbitterschokolade

1   Die Plätzchen fein zerbröseln. 1 Esslöffel Brösel beiseite stellen. Die Nüsse in einer Pfanne ohne Fett rösten. Restliche Brösel mit Zucker, 1 Esslöffel Nüssen und Butter verkneten, in die gefettete Form drücken. 45 Minuten kühlen.

2   Die Pfirsiche abtropfen lassen, den Sud auffangen. 6 Esslöffel Sud in einem Topf mit Gelatinepulver verrühren, 10 Minuten quellen lassen.

3   Schmand, abgetropften Quark, Zitronensaft und Puderzucker cremig rühren. Die Gelatine unter leichtem Erwärmen auflösen. 4 Esslöffel Creme unterrühren. Die Gelatinemasse unter die restliche Creme heben.

4   2 Pfirsichhälften beiseite legen. Den Boden mit den restlichen Pfirsichen belegen. Die Creme darauf geben und glatt streichen. Mindestens 2 Stunden kühlen.

5   Jede Pfirsichhälfte in 12 Spalten schneiden. Die Schokolade reiben, mit den restlichen Bröseln und Nüs-

PFIRSICHTORTE
MIT SCHOKOPLÄTZCHEN
Für 1 Springform von 24 cm Ø

TIPPS

Die Schokolade vor der Verwendung in den Kühlschrank legen, so wird sie hart und lässt sich besser reiben.
Sie können auch Vollmilchschokolade verwenden.

◑   **Zubereitungszeit: ca. 30 Minuten
Kühlzeit: 2 Stunden 45 Minuten**

sen mischen. Die Torte mit dieser Mischung bestreuen und mit den Pfirsichspalten garnieren.

200 g Vollmilchkuvertüre
150 g Zartbitterkuvertüre
400 g Sahne
1 Pck. Vanillezucker
2 EL Kirschwasser
ca. 17 Waffelröllchen
(ca. 100 g)
ca. 5 lange Schoko-Waffelröllchen à 25 g, gefüllt mit
Milchcreme
75 g gehackte Mandeln
75 g gehackte Haselnüsse
125 g Butterkekse

1 Die Kuvertüre in kleine Stücke schneiden. Die Sahne zum Kochen bringen. Vanillezucker unterrühren.

2 Den Topf vom Herd nehmen, die Kuvertüre unter Rühren darin schmelzen. Die Masse etwa 30 Minuten abkühlen lassen. Das Kirschwasser unterrühren. Die Masse etwa 30 Minuten in den Kühlschrank stellen, dabei immer wieder umrühren.

3 Die Kastenform mit Klarsichtfolie auslegen. Auf den Boden der Form der Breite nach Waffelröllchen legen. Am äußeren Rand der Länge nach die Schoko-Waffelröllchen legen, so dass der ganze Boden ausgefüllt ist.

4 Die Mandeln und Haselnüsse in einer Pfanne ohne Fett rösten. Abkühlen lassen. Die Butterkekse zerbröseln. Bevor die Schokolade fest zu werden beginnt, Nüsse und Keksbrösel untermischen. Die Masse in die Form geben, die Frischhaltefolie darüber schlagen. 8 Stunden kühlen.

46

SCHOKOLADEN-WAFFELKUCHEN

Für 1 Kastenform von 25 × 10 cm Größe

◐ **Zubereitungszeit: ca. 30 Minuten**
Kühlzeit: 9 Stunden

TIPPS

Stellen Sie nicht verbrauchten Kuchen sofort wieder kühl, da die Schokoladenmasse bei Zimmertemperatur rasch weich wird.
Nach Belieben den Kuchen mit Kakaopulver bestäuben.

5 Den Kuchen auf eine Platte stürzen, die Folie abziehen. So in Scheiben schneiden, dass jede Scheibe 1 Waffelröllchen enthält.

1 Den Kuchen waagerecht zweimal durchschneiden. Die unterste Scheibe auf eine Platte legen.
2 Die Heidelbeeren in einem Sieb abtropfen lassen. Die Konfitüre mit dem Likör verrühren. Die Hälfte davon auf den untersten Boden streichen.
3 Abgetropften Quark, Vanillezucker, Kakaopulver und Zucker verrühren. Die Sahne steif schlagen, dabei Sahnefestiger einrieseln lassen. Die Sahne unter den Quark ziehen.
4 Die Heidelbeeren unter die Quarksahne heben. Die Hälfte der Heidelbeersahne auf den untersten Boden streichen. Mit dem nächsten Boden abdecken.
5 Den Boden mit der restlichen Konfitüre bestreichen und darauf die restliche Sahne verteilen. Mit dem obersten Kuchenboden abdecken. Den Kuchen 1 Stunde kühl stellen.
6 Den Schichtkuchen mit Puderzucker bestäubt servieren.

1 fertiger Kranzkuchen,
z. B. Marmorkuchen oder
Nusskuchen (ca. 20 cm Ø)
1 Glas Heidelbeeren
(220 g Abtropfgewicht)
200 g Preiselbeerkonfitüre
2 EL Johannisbeerlikör
250 g Magerquark
1 Pck. Vanillezucker
2 EL Kakaopulver
60 g Zucker
250 g Sahne
1 1/2 Pck. Sahnefestiger
1 TL Puderzucker

SCHICHTKUCHEN
MIT BEERENCREME

◑ **Zubereitungszeit. ca. 20 Minuten**
Kühlzeit: 1 Stunde

TIPP
Wenn frische Heidelbeeren gerade Saison haben, die Quarkcreme mit frischen Beeren zubereiten. Die Beeren vorher verlesen, waschen und trockentupfen.

KLEIN & FEIN

TÖRTCHEN & SCHNITTCHEN

1. Mandelstifte in einer Pfanne ohne Fett rösten, abkühlen lassen. Die Schokolade fein hacken. Die Ananasstücke in einem Sieb abtropfen lassen, dabei den Sud auffangen.
2. Die Limette heiß waschen und abtrocknen. Die Schale fein abreiben. Den Saft auspressen.
3. Den abgetropften Quark cremig rühren. Puderzucker, Limettenschale und -saft unterrühren.
4. Die Gelatine in kaltem Wasser einweichen. Schokolade, Mandelstifte und Kokosraspel mischen. Die Hälfte davon auf die Törtchen streuen.
5. 2 Esslöffel Ananassud erwärmen. Die Gelatine ausdrücken und im warmen Sud unter Rühren auflösen. 2 Esslöffel Quarkcreme unterrühren. Die Gelatinemasse unter die restliche Creme ziehen.
6. Die Creme auf die Törtchen verteilen und glatt streichen. Die Törtchen mit den Ananasstücken belegen und

25 g Mandelstifte
50 g weiße Knusper-Schokolade
1 Dose Ananas in Stücken (340 g Abtropfgewicht)
1 unbehandelte Limette
200 g Magerquark
50 g Puderzucker
2 Blatt weiße Gelatine
25 g Kokosraspel
8 fertige Torteletts aus Mürbeteig

LIMETTENTÖRTCHEN
MIT ANANAS

Für 8 Stück

🕐 **Zubereitungszeit: ca. 20 Minuten**
Kühlzeit: 2 Stunden

TIPP
Wenn Sie die Törtchen sofort servieren wollen, können Sie sie auch ohne Gelatine zubereiten. In diesem Fall werden sie nur für 15 Minuten in den Kühlschrank gestellt.

mindestens 2 Stunden kühlen. Vor dem Servieren mit der restlichen Kokosmischung bestreuen.

1 Die Erdbeeren waschen, putzen und je nach Größe halbieren. Mit Orangenlikör oder Orangenblütenwasser 15 Minuten marinieren.

2 Die Torteletts auf die Arbeitsfläche legen und mit den Nüssen bestreuen.

3 Den abgetropften Quark mit Orangenschale und Zucker verrühren. Die Sahne steif schlagen, Sahnefestiger dabei einrieseln lassen. Die Sahne unter den Quark heben.

4 Die Sahne-Quark-Creme auf die Törtchen verteilen und glatt streichen. Mit den abgetropften Erdbeeren belegen. Die Törtchen 1 Stunde kühlen.

5 Die Marmelade erwärmen, durch ein Sieb streichen und die Erdbeeren damit überziehen. Sofort servieren.

250 g Erdbeeren
1 EL Orangenlikör oder Orangenblütenwasser
6 fertige Torteletts aus Biskuit oder Rührteig
2 EL gemahlene Haselnüsse
100 g Quark (20 % Fett)
abgeriebene Schale von 1/2 unbehandelten Orange
2 EL Zucker
100 g Sahne
1/2 Pck. Sahnefestiger
2 EL Orangenmarmelade

ERDBEER-ORANGEN-TÖRTCHEN

Für 6 Stück

◑ **Zubereitungszeit: ca. 25 Minuten**
Marinierzeit: 15 Minuten
Kühlzeit: 1 Stunde

SERVIERTIPP

Sekt-Orange mundet zu den Törtchen bestens. Dazu den Saft der Orange auspressen und zusammen mit Sekt in 2 Gläser gießen.

1 Die Beeren verlesen, waschen und trockentupfen.
2 Crème double, Zitronenschale, 1 Esslöffel Puderzucker, Vanillezucker und Eierlikör verrühren und auf höchster Stufe mit den Quirlen des Handrührers cremig aufschlagen. Die Creme auf die Torteletts verteilen und glatt streichen. 1 Stunde kühl stellen.
3 Die Mandeln in der Pfanne ohne Fett rösten. Abkühlen lassen.
4 Die Torteletts dekorativ mit den Beeren belegen.
5 Die Beerentörtchen mit den Mandeln bestreuen und mit dem restlichen Puderzucker bestäuben. Sofort servieren.

250 g Beeren nach Belieben, z. B. Himbeeren, Heidelbeeren oder Brombeeren
125 g Crème double oder Mascarpone
abgeriebene Schale von 1/2 unbehandelten Zitrone
1 1/2 EL Puderzucker
1 Pck. Vanillezucker
4 TL Eierlikör
6 fertige Torteletts aus Mürbeteig
1 EL gehackte Mandeln

EIERLIKÖRTÖRTCHEN
MIT BEEREN
Für 6 Stück

VARIANTEN
Statt Eierlikör können Sie auch einen anderen cremigen Likör unter die Crème double mischen. Zusätzlich 1 Kugel Vanilleeis auf jedes Törtchen setzen und dafür weniger Beeren verwenden.

◑ **Zubereitungszeit: ca. 25 Minuten**
Kühlzeit: 1 Stunde

1 Den Nougat in kleine Würfel schneiden. Die Sahne zum Kochen bringen.
Den Topf vom Herd nehmen, Nougat
unter die Sahne rühren und auflösen.
Die Nougatsahne etwas abkühlen lassen, anschließend mindestens 3 Stunden kühlen.

2 Die Marzipanrohmasse mit den Hän-
den geschmeidig kneten. Gehackte
Pistazien, Puderzucker und Schnaps
einarbeiten.

3 Das Marzipan zwischen 2 Schichten
Frischhaltefolie dünn ausrollen. Krei-
se in Größe der Innenfläche der Törtchen ausschneiden und diese damit
belegen.

4 Die Nougatsahne mit den Quirlen des
elektrischen Handrührers cremig
aufschlagen. Die Creme auf die Törtchen verteilen und glatt streichen.
1 Stunde kühlen.

5 Die Schokolade reiben und die Törtchen damit bestreuen. Jedes Törtchen mit 2 Pistazien garnieren.

125 g Nussnougat
125 g Sahne
100 g Marzipanrohmasse
1 TL gehackte Pistazien
25 g Puderzucker
1 EL Marillenschnaps oder
Kirschwasser
8 fertige Torteletts aus
Mürbeteig
25 g Zartbitterschokolade
16 ganze geschälte Pistazien

MOZART-TÖRTCHEN
MIT PISTAZIEN

Für 8 Stück

◑ **Zubereitungszeit: ca. 25 Minuten**
Kühlzeit: 4 Stunden

GETRÄNKETIPP

Als passendes Getränk zu den
Törtchen einen Cappuccino
servieren.

Ein Tässchen Espresso ist der ideale Begleiter zu den Talern.

80 g Zucker
1 Prise Salz
100 ml heißer Espresso
oder starker Kaffee
200 g Sahne
1 Pck. Sahnefestiger
8 große runde Nusskekse
oder Florentiner (ca. 7 cm Ø)
8 Mokkabohnen aus
Schokolade

1 Für den Karamell Zucker und Salz in einem Topf bei mittlerer Hitze unter Rühren in etwa 5 Minuten schmelzen lassen, bis der Zucker goldbraun ist.

2 Den Espresso zugießen und mit dem Zucker verrühren. Vorsichtig vorgehen, da es etwas spritzen kann. 8 Minuten bei schwacher Hitze kochen. Dabei zu Beginn ständig, dann gelegentlich umrühren. Der Karamell soll vollständig im Kaffee gelöst sein. Die Flüssigkeit etwa 10 Minuten abkühlen lassen.

3 Die Sahne nach und nach unterrühren. Die Kaffee-Sahne-Mischung mindestens 6 Stunden kühl stellen.

4 Die Kaffee-Sahne-Mischung mit den Quirlen des elektrischen Handrührers steif schlagen. Dabei den Sahnefestiger einrieseln lassen.

5 Die Sahne in einen Spritzbeutel mit großer Sterntülle füllen und auf die Kekse spritzen. Mit den Mokkabohnen garnieren. Die Taler bis zum Servieren kühl stellen.

NUSSTALER
MIT KAFFEE-KARAMELL-CREME
Für 8 Stück

TIPP

Wer die Creme noch etwas aromatischer mag, gibt etwas gemahlenen Kardamom oder Zimtpulver hinein.

Zubereitungszeit: ca. 20 Minuten
Kühlzeit: 6 Stunden

1 Die Himbeeren verlesen, waschen und trockentupfen. Tiefgekühlte Beeren auftauen. Die Hälfte der Beeren pürieren oder durch ein Sieb streichen.

2 Die Gelatine in kaltem Wasser einweichen. Eigelbe, Zucker und Vanillezucker in etwa 5 Minuten cremig schlagen.

3 Den Himbeergeist erwärmen. Die Gelatine gut ausdrücken und im Himbeergeist auflösen.

4 Das Himbeerpüree löffelweise unter die Gelatine ziehen. Die Gelatinemischung unter die Eigelbcreme rühren. Bei Zimmertemperatur etwa 5 Minuten stehen lassen.

5 Inzwischen die Sahne steif schlagen. Sobald die Creme zu gelieren beginnt, die Sahne unterheben.

6 Die Creme auf die Törtchen verteilen und glatt streichen. Mit den restlichen Himbeeren belegen. Die Törtchen mindestens 2 Stunden kühlen.

7 Die Himbeertörtchen vor dem Servieren mit Puderzucker bestäuben.

200 g frische oder
tiefgekühlte Himbeeren
2 Blatt weiße Gelatine
2 Eigelbe
40 g Zucker
1 Pck. Vanillezucker
2 EL Himbeergeist
75 g Sahne
6 fertige Torteletts aus
Biskuit oder Mürbeteig
1 TL Puderzucker

HIMBEERTÖRTCHEN

Für 6 Stück

TIPP
Falls Kinder mitessen, statt Himbeergeist Himbeersaft oder Mandelsirup verwenden.

◐ Zubereitungszeit: ca. 30 Minuten
Kühlzeit: 2 Stunden

1 Die Milch in einen hohen Rührbecher gießen. Das Schokoladencremepulver zugeben und mit den Quirlen des elektrischen Handrührers auf niedrigster Stufe verrühren. Anschließend 1 Minute auf höchster Stufe cremig schlagen. Die Nuss-Nougat-Creme unterziehen. 30 Minuten kühl stellen.

2 Die Birnen waschen und abtrocknen. 3 Birnen schälen, vom Kerngehäuse befreien und in Würfel schneiden. Die Würfel unter die Schokocreme heben.

3 Die verbliebene Birne in 10 Spalten schneiden und dabei vom Kerngehäuse befreien. Die Spalten halbieren und mit Zitronensaft beträufeln.

4 Die Puffreisschnitten mit der Schokoladencreme bestreichen und mit den Birnenspalten garnieren. Etwa 10 Minuten kühl stellen und möglichst bald servieren.

400 ml kalte Milch
1 Pck. Schokoladencremepulver
3 EL Nuss-Nougat-Creme
4 aromatische Birnen, z. B. Williams-Christ
1 EL Zitronensaft
250 g Schokoladen-Puffreis-Schnitten
(20 Stück à 5 × 5 cm)

PUFFREIS
MIT BIRNEN-SCHOKO-CREME
Für 20 Stück

🕐 **Zubereitungszeit: ca. 15 Minuten**
Kühlzeit: 40 Minuten

TIPP

Die Puffreisschnitten mit Birnen-Schoko-Creme bleiben nicht lange knusprig. Am besten nach der Zubereitung sofort verspeisen.

1 Mandeln in einer Pfanne ohne Fett rösten, abkühlen lassen. Die Kekse fein zerbröseln. Mit der Hälfte der Mandeln und der Butter verkneten. Auf den Boden einer gefetteten rechteckigen Form (etwa 30 cm × 18 cm) drücken, kühl stellen.

2 Pfirsiche, Mandarinen und Preiselbeeren getrennt abtropfen lassen. Den Pfirsichsud auffangen. Gelatinepulver in 5 Esslöffeln Pfirsichsud 10 Minuten quellen lassen.

3 Den Joghurt cremig rühren, Vanillezucker, 75 Gramm Zucker und Zitronensaft unterheben. Die Gelatine unter leichtem Erwärmen auflösen. 4 Esslöffel Joghurt unterrühren und unter die Joghurtcreme ziehen.

4 Die Creme in die Form geben. 3 Stunden kühlen und fest werden lassen.

5 Mit den restlichen Mandeln bestreuen und mit den Früchten belegen.

6 Aus Tortengusspulver, restlichem Zucker, Saft und 125 Milliliter Wasser einen Guss bereiten und über die

50 g gehackte Mandeln
200 g Vollkornbutterkekse
75 g weiche Butter
Fett für die Form
1 Dose Pfirsiche
(465 g Abtropfgewicht)
1 Dose Mandarinen
(175 g Abtropfgewicht)
1 Glas Preiselbeeren
(175 g Abtropfgewicht)
1 Pck. weiße gemahlene Gelatine
450 g Vollmilchjoghurt
1 Pck. Vanillezucker
90 g Zucker
1 EL Zitronensaft
1 Pck. klarer Tortenguss
125 ml Multi-Vitamin-Saft

FRUCHTSCHNITTEN
MIT JOGHURT

Für 15 Stück

◑ **Zubereitungszeit: 35 Minuten**
Kühlzeit: 3 Stunden 30 Minuten

TIPP
Hübsch sieht es aus, wenn Sie die Fruchtschnitten mit Minzeblättchen dekorieren.

Früchte verteilen. Im Kühlschrank etwa 30 Minuten fest werden lassen. In Quadrate (6 × 6 cm) schneiden.

1. Den Biskuit in kleine Würfel schneiden und in einer Schüssel mit Espresso und Rum beträufeln.
2. Mandelstifte in einer Pfanne ohne Fett rösten und abkühlen lassen.
3. Butter mit Puderzucker cremig rühren. Biskuitwürfel und Mandelstifte untermischen.
4. Die Schokolade klein schneiden und in einer Schüssel über dem Wasserbad schmelzen.
5. Die Biskuitmasse unter die Schokolade rühren. Die Masse in eine rechteckige Form (etwa 20 × 20 cm) streichen und 5 Stunden kühlen.
6. Die Mandelblättchen in der Pfanne ohne Fett rösten. Die Oberfläche der gekühlten Schokoladenmasse dünn mit Honig bestreichen und mit den gerösteten Mandeln bestreuen.
7. Die Masse in Würfel von 4 cm Seitenlänge schneiden und diese in Backförmchen aus Papier setzen. Bis zum Servieren kühl stellen.

1 Lage heller Wiener Biskuitboden (ca. 150 g)
6 EL Espresso oder starker Kaffee
4 EL brauner Rum
60 g Mandelstifte
50 g weiche Butter
1 1/2 EL Puderzucker
200 g Mokka- oder Zartbitterschokolade
2 EL Mandelblättchen
3 TL dünnflüssiger Honig

60

RUMWÜRFEL MIT MANDELN

Für 25 Stück

TIPP

Für das Wasserbad Wasser in einen Topf geben und eine Schüssel mit rundem Boden und Griffen oder einen kleineren Topf hineinhängen. Das Wasser erhitzen, so dass die Schokolade in der Schüssel schmilzt.

◑ Zubereitungszeit: ca. 30 Minuten
Kühlzeit: 5 Stunden

1 Die Schokolade reiben. Die Sahne aufkochen. Den Topf vom Herd nehmen und die Schokolade darin schmelzen. Abkühlen lassen und mindestens 3 Stunden kühlen.

2 Die Minze waschen und trockentupfen. 12 schöne Blättchen beiseite legen. Die restlichen Blättchen (etwa 12 Stück) fein hacken. 4 After-Eight-Blättchen ebenfalls fein hacken.

3 Die Schokosahne cremig aufschlagen. Gehackte Minze und gehackte Schokoladenblättchen unterheben. Die Masse in einen Spritzbeutel mit großer Sterntülle füllen und auf die Törtchen spritzen. 1 Stunde kühlen.

4 Die restlichen After-Eight-Blättchen diagonal halbieren und mit Minze auf die Törtchen legen. Mit Puderzucker bestäuben.

GETRÄNKETIPP

Zu den Schoko-Mousse-Törtchen einen gut gekühlten Minze- oder Kakaolikör servieren.

◑ **Zubereitungszeit: ca. 25 Minuten**
Kühlzeit: 4 Stunden

Für 6 Stück

150 g Zartbitterschokolade
200 g Sahne
2 Zweige Minze
10 After-Eight-Blättchen
6 fertige Torteletts aus Mürbeteig
1 TL Puderzucker

SCHOKO-MOUSSE-TÖRTCHEN MIT MINZE 61

1 Dose Mandarinen
(175 g Abtropfgewicht)
250 g Quark (20 % Fett)
1 Pck. Vanillezucker
2 EL Zucker
abgeriebene Schale von
1/2 unbehandelten Zitrone
1 gehäufter EL Schokoladenraspel oder -streusel
6 fertige Waffeln
1 EL Aprikosenkonfitüre
1 TL Puderzucker

1 Die Mandarinen in einem Sieb abtropfen lassen.

2 Den abgetropften Quark cremig rühren. Vanillezucker, Zucker und abgeriebene Zitronenschale untermischen.

3 6 Mandarinenfilets beiseite legen. Die
restlichen Mandarinenfilets und die
Schokoladenraspel unter den Quark
heben. Die Masse etwa 15 Minuten
in den Kühlschrank stellen.

4 Die Waffeln dünn mit Konfitüre überziehen, mit der Quarkmischung bestreichen und mit den beiseite
gelegten Mandarinenfilets garnieren.
Mit Puderzucker bestäuben und die
Waffeln möglichst bald servieren,
sonst verlieren sie an Knusprigkeit.

WAFFELN
MIT MANDARINENQUARK
Für 6 Stück

🕐 **Zubereitungszeit: ca. 15 Minuten**
Kühlzeit: 15 Minuten

TIPP
Waffeln gibt es quadratisch oder
rund, mit oder ohne Schokolade
überzogen im Supermarkt fertig
zu kaufen.

1 Die Kirschen abtropfen lassen. 6 Kirschen beiseite legen, die restlichen grob hacken und mit 1/4 Teelöffel Zimt und dem Likör marinieren. Die Torteletts mit Konfitüre bestreichen.

2 Vanillezucker und Zucker mit Hilfe einer Gabel in den Mascarpone einarbeiten.

3 Die gehackten Kirschen zusammen mit der Marinade unter den Mascarpone rühren. Die Creme kuppelförmig auf die Törtchen streichen. Mindestens 2 Stunden kühl stellen.

4 Die Schokolade grob raspeln. Die Törtchen zuerst mit der weißen Schokolade bestreuen, dann mit dem restlichen Zimt bestäuben. Jedes Törtchen mit 1 Kirsche garnieren.

1 Glas entsteinte Kirschen (180 g Abtropfgewicht)
1/2 TL Zimt
1 EL Kirsch- oder Mandellikör
6 fertige Torteletts aus Biskuit
2 EL Kirschkonfitüre
1 Pck. Vanillezucker
30 g Zucker
250 g Mascarpone
25 g weiße Schokolade

MASCARPONE-TÖRTCHEN
MIT KIRSCHEN

Für 6 Stück

🕐 **Zubereitungszeit: ca. 20 Minuten**
Kühlzeit: 2 Stunden

VARIANTEN

Statt mit Süßkirschen schmecken die Törtchen auch mit Sauerkirschen. Den Alkohol können Sie weglassen und stattdessen 2 Esslöffel Kirsch- oder Mandelsirup verwenden.

IMPRESSUM

Die Deutsche Bibliothek –
CIP-Einheitsaufnahme

Ein Titeldatensatz für diese Publikation ist
bei Der Deutschen Bibliothek erhältlich.

Augustus Verlag München 2000
© Weltbild Ratgeber Verlage
GmbH & Co. KG
Alle Rechte vorbehalten

Redaktion: Norbert Müller
Projektleitung: Michaela Zelfel
Gestaltung: Hovedkvarteret
Grafisk Design, Kopenhagen
Umschlagfoto und Foodfotos:
Karl Newedel, München
People-Bilder: Umschlag: Picture Press/
W. Bokelberg; übrige: Mauritius
Satz und Repro: Kaltner Media GmbH
Druck und Bindung: Offizin Andersen Nexö,
Leipzig

Printed in Germany

ISBN 3-8043-6025-4

Gedruckt auf elementar chlorfrei
gebleichtem Papier

REZEPTEREGISTER